Bibliografische Information der Deutschen Nationalbibliothek:

Die Deutsche Bibliothek verzeichnet diese Publikation in der Deutschen National-
bibliografie; detaillierte bibliografische Daten sind im Internet über http://dnb.d-
nb.de/ abrufbar.

Impressum:

Copyright © GRIN Verlag
Druck und Bindung: Books on Demand GmbH, Norderstedt Germany
ISBN: 9783346102652

Dieses Buch bei GRIN:

https://www.grin.com/document/512782

Anonym

Kurseinheit für ein Gruppentraining in Wirbelsäulengymnastik

GRIN Verlag

GRIN - Your knowledge has value

Der GRIN Verlag publiziert seit 1998 wissenschaftliche Arbeiten von Studenten, Hochschullehrern und anderen Akademikern als eBook und gedrucktes Buch. Die Verlagswebsite www.grin.com ist die ideale Plattform zur Veröffentlichung von Hausarbeiten, Abschlussarbeiten, wissenschaftlichen Aufsätzen, Dissertationen und Fachbüchern.

Besuchen Sie uns im Internet:

http://www.grin.com/

http://www.facebook.com/grincom

http://www.twitter.com/grin_com

Deutsche Hochschule für

Prävention und Gesundheitsmanagement

Hermann Neuberger Sportschule 3

66123 Saarbrücken

Einsendeaufgabe

Fachmodul: Gruppentraining

Studiengang: Fitnessökonomie

Datum

Präsenzphase   **18.04.16-21.04.16**

Studienort: **Köln**

Semester: **Wintersemester 2015**

Inhaltsverzeichnis

1 Besuch einer Kurseinheit

1.1 Phasenverlauf des besuchten Kurses

Die besuchte Kurseinheit wurde mit dem Namen „Bauch/Rücken" bezeichnet und hatte eine länge von 60 Minuten. Begonnen hat die Kurseinheit mit einer Begrüßung der Kursleiterin und dem Hinweis, welches Material für diese Kurseinheit gebraucht wird. In diesem Fall brauchte man eine Gymnastikmatte, eine Kurzhantel und zwei Hantelscheiben, die leichter sein sollten als die Kurzhantel. Darauf folgte ein allgemeines Warmup, mit einer länge von ungefähr fünf Minuten. Das allgemeine Warmup begann mit langsamen Kopfkreisen über vorne, bis hin zu Armkreisen und ging fließend über in ein spezielles Warmup. Eine der Übungen des speziellen Warmups war das dynamische Arm- und Beinheben im Vierfüßlerstand. Der Aufbau des allgemeinen Warmups, hielt sich grundsätzlich an den im Studienbrief vorgegebenen optimalen Phasenverlauf, begonnen wurde mit kleinen körpernahen Bewegungen, hin zu größeren körperfernen und schnelleren Bewegungen. Die Übungsauswahl im speziellen Warmup ist kritisch zu beurteilen, weil komplexe, anspruchsvollere Übungen erst später in einer Kurseinheit eingebaut werden sollten. Der Hauptteil bestand aus verschiedenen funktionsgymnastischen Übungen, die immer anspruchsvoller und komplexer wurden. Begonnen wurde der Hauptteil zum Beispiel mit der statischen Unterarmstütze. Da bei dem Übergang zwischen Hauptteil und Cooldown, die Teilnehmer sich schon am Boden befanden, fand kein Cooldown 1 statt. Im Cooldown 2 fanden verschiedene Dehnübungen statt, unteranderem das aktive Dehnen der rückseitigen Oberschenkelmuskulatur, in dem auf dem Rückenliegend, das Bein am Unterschenkel zum Oberkörper gezogen wurde. In der letzten Phase verabschiedete sich die Kursleiterin und kündigte den nächsten Kurs an. Zusammenfassend hat sich die Kursleiterin grundlegend an den im Studienbrief (Reiß & Eifler, 2015, S. 62) dargestellten optimalen Phasenverlauf gehalten.

1.2 Motorische Fähigkeiten des besuchten Kurs

Die Zwei im Hauptteil des Kurs angesprochenen motorischen Fähigkeiten, waren hauptsächlich die Kraft und die Ausdauer. Die Definition der Kraft ist, dass die Leistungsfähigkeit, der Person darin besteht mit Muskelleistung einen Widerstand zu überwinden, der höher ist als 30% des maximal überwindbaren Wiederstands (Martin, Carl & Lehnertz, 1993, S. 102). In dem besuchten Kurs wurde hauptsächlich die Erscheinungsform der Kraft, in Form der Kraftausdauer trainiert. Kraftausdauer stellt die Fähigkeit dar, bei einer bestimmten Wiederholungsanzahl, bei dynamischer oder statischer Belastung, über einen gewissen Zeitraum den Kraftverlust möglichst gering zu halten (Martin, Carl & Lehnertz, 1993, S. 107). Die zweite motorische Fähigkeit, die im Kurs trainiert wurde ist die Ausdauer. Unter Ausdauer definiert man, die Fähigkeit einer Person einer Belastung möglichst lange ohne Leistungseinbußen zu widerstehen und sich nach der Belastung möglichst schnell zu regenerieren (Reiß & Eifler, 2015, S. 24). Als Beispiel für die genannten motorischen Fähigkeiten fanden zwei Übungen, direkt hintereinander, mit drei Durchgängen statt. Die Startposition war der Unterarmstütz, aus dieser Position werden die Füße einen Schritt nach Links gesetzte, wieder in die Mitte, nach Rechts und wieder in die Mitte. Danach geht man ohne den Oberkörper abzulegen in die Liegestützposition und macht zehn Liegestütz. Nach den Liegestütz beginnt man wieder in der Startposition. Die Belastungszeit ist, mit diesem Zusammenschluss der beiden Übungen, deutlich über 60 Sekunden und somit im Kraftausdauer Bereich (Fröhlich, Schmidtbleicher & Emrich, 2002). Die Übungen alleine sind als eine anaeroben Belastung einzustufen. Das bedeutet die Energiebreitstellungsprozesse innerhalb der Zelle laufen ohne Sauerstoff ab, da die Intensität zu hoch ist, um eine Energieversorgung über Sauerstoff zu gewährleisten. Auf den gesamten Hauptteil bezogen, mit einer Aneinanderreihung ähnlicher Übungen, mit kurzen Pausen, kommt es trotzdem zu einer längerfristigen Belastung des Herz-Kreislauf-System und somit zu einem Ausdauertraining.

1.3 Betrachtung des Kursleiterverhaltens

Die Kursleiterin in dem besuchten Kurs hat einige der aufgeführten Funktionen des Kursleiters zufriedenstellend erfüllt, jedoch nicht alle. In der Funktion des Lehrers, hat die Kursleiterin, den Kurs vor choreographiert, verschiedene Teilnehmer des Kurses korrigiert, jede Übung vorher erklärt, über die angesprochene Muskulatur informiert und den Ablauf vorgemacht. In der Funktion des Dienstleisters ist sie Beispielhaft pünktlich erschienen, hat dafür gesorgt, dass die Lüftung angeschaltet wird, als die Luft im Kursraum schlechter wurde und hat im Anschluss geholfen, die verwendeten Materialien wegzuräumen. In der Funktion des Vorbilds, hätte die Kursleiterin gut gelaunt sein müssen und ein gepflegtes, sportliches Auftreten haben müssen. Diese Punkte hat sie leider nicht erfüllen können. Wodurch auch die Funktion des Animateurs nicht vollständig erfüllt werden konnte. Es fehlte an Begeisterung an dem eigenen Kurs, dadurch an Motivation für die Teilnehmer. Das gesamte Auftreten der Kursleiterin strahlte keine Freude, Sportlichkeit, Fröhlichkeit und Begeisterungsfähigkeit aus. Die fachlichen Funktionen des Dienstleisters und des Lehrers wurden erfüllt, die des Vorbilds und des Animateurs nicht.

2 Externe Bedingungen einer Kurseinheit

Bei der inhaltlichen Planung einer Kursstunde sind verschiedene externe Bedingungen und Faktoren zu beachten, die maßgeblich entscheiden können, ob ein Kurs erfolgreich stattfindet.

In einem Studio, dessen Großteil an Kunden Rentner und ältere Menschen sind, die an Prävention- und Rehabilitationskursen interessiert sind, wäre es Beispielhaft kritisch zu betrachten einen Step Aerobic Kurs mit fortgeschrittenen Inhalten, morgens um 9 Uhr anzubieten. Grundsätzlich die Uhrzeit, morgens früh einen koordinativ anspruchsvollen Kurs anzubieten, könnte für einige Teilnehmer ein Problem sein. Die Teilnehmer könnten überfordert werden und würden so den Spaß und Interesse verlieren und den Kurs nicht wieder besuchen. Das wäre eine klare Verfehlung der kurzfristigen und langfristigen Ziele. Zum Beispiel, eine Kursstunde erfolgreich abzuschließen, mit zufriedenen Kursteilnehmern und auf lange Sicht eine Kundenbindung herzustellen, in Verbindung mit den körperlichen Anpassungen durch regelmässige Kursbesuche.

Eine Wirbelsäulengymnastik dagegen wäre eine gute Alternative für einen Kurs, um diese Uhrzeit, mit den selben Kunden als Zielgruppe. Bei der Planung der Inhalte ist es wichtig zu wissen, ob der Raum groß genug ist für die eventuell kommenden Mitglieder, und ob das eingeplante Material in ausreichender Anzahl vorhanden ist. Sind viele Mitglieder erwartet, müssen andere Übungen ausgewählt werden, die weniger Platz benötigen. Werden zum Beispiel Thera-Bänder in der Vorbereitung eingeplant, sind dann aber nicht vorhanden, muss der Kursleiter spontan improvisieren und alternativen finden. Ein weiterer wichtiger Punkt ist die Zielsetzung des Kurses, insbesondere im Zusammenhang mit den Teilnehmern bzw. der Zielgruppe des Kurses. Wählt der Kursleiter zu einfache Übungen aus, könnten die Teilnehmer sich unterfordert fühlen. Wählt der Kursleiter zu anspruchsvolle Übungen, könnten sie sich überfordert fühlen. In beiden Fällen ist es unwahrscheinlich, dass der Kunde den Kurs wiederbesucht und zufrieden ist.

3 Kursplananalyse

Tab. 1: Kursplan Übersicht

Montag	Dienstag	Mittwoch	Donnerstag	Freitag	Samstag	Sonntag
11:00-12:00 Fatburner	10:00-11:00 Bodypump	11:00-12:00 Bauch Rücken	10:00-11:00 Bauch Rücken	10:00-11:00 Bauch Rücken		
	11:00-12:00 Yoga		11:00-12:00 Fatburner	11:00-12:00 Bodypump	11:30-12:00 Bauchexpress	
17:30-18:30 Zumba		18:00-19:00 Bauch Rücken	17:30-18:00 Grit	12:00-13:00 Bodypump	12:00-13:00 Bodypump	12:00-13:00 Bodypump
18:30-19:30 Bodycombat	18:30-19:30 Bodyattack	19:00-20:00 Zumba	18:00-19:00 Bodycombat	17:00-18:00 Zumba	13:00-14:00 Bodyattack	13:00-14:00 Bodyattack
19:30-20:00 Bauchexpress	19:30-20:00 Grit	20:00-20:30 Grit	19:00-20:00 Bodyattack	18:00-19:00 Bodypump	14:00-15:00 Yoga	
20:00-21:00 Bodypump	20:00-20:30 Bauchexpress	20:30-21:30 Bodypump	20:00-21:00 Yoga	19:00-19:30 Bauchexpress		

Dieser Kursplan ist der Kursplan des Fitnessstudios „XtraFIT" in Köln. Das Studio ist ein „Discount"-Studio, in dem monatlichen Beitrag von 15€ sind alle Kurse inklusive. Die Ausrichtung des Studios ist grundsätzlich Fitness, ohne jegliche Wellness-Angebote oder Theke/Bistro mit Sitzmöglichkeiten. Das Publikum ist weit gefächert von Jugendlichen bis Rentnern.

Bei dem ersten Blick auf den Kursplan fällt auf, dass jegliches nachmittags Programm unter der Woche fehlt. Ein gute Möglichkeit, den zu dieser Zeit leerstehenden Kursraum zu nutzen und sich von der Konkurrenz abzusetzen, wäre das anbieten von speziellen Kursen für Jugendliche. Jugendliche sind die einzige Zielgruppe die Nachmittags meistens schon frei hat. Eine weitere Möglichkeit, den Kursraum nachmittags besser zu nutzen, wäre die Kooperation mit einer Tanzschule, einem Kampfsportverein oder grundsätzlich einem Sportverein. Diese Zusammenarbeit würde neue mögliche Kunden ins Fitnessstudio bringen und gleichzeitig das Angebot des Studios vergrößern.

Grundsätzlich ist bei diesem Kursplan kritisch zu betrachten, dass keine Pausen zwischen den Kursen eingeplant sind. Zwischen zwei Kursen sollte optimal 10 Minuten Pause eingeplant werden, um ein entspanntes auf- und abbauen zu gewährleisten, den Mitgliedern Zeit zu geben Getränke aufzufüllen, den Raum zu lüften und eventuelles überziehen des vorherigen Kurses auszugleichen. Wird diese Pause nicht eingeplant, kann es zwischen den Kursen zu stressigen Situationen kommen, die die Stimmung des Kurses beeinflussen und so sich negativ auf die Kundenzufriedenheit auswirken kann.

Aus trainingswissenschaftlicher Sicht ist der Kursplan an einigen Stellen gut aufgebaut und an anderen nicht. Der Samstag zum Beispiel ist sinnvoll strukturiert. Es beginnt mit einem Kurs, der gesundheitsorientiert ist (Bauchexpress), darauf folgt ein Kurs der kraftorientiert ist (Bodypump), direkt danach ist ein Kurs mit dem Schwerpunkt Ausdauer (Bodyattack) und abgeschlossen wird mit Yoga, als Entspannungskurs mit Schwerpunkt Beweglichkeit und Mobilität. Weniger Sinnvoll strukturiert sind dagegen Dienstag und Freitag Abend. Beide Tage enden mit einem gesundheitsorientierten Kurs (Bauchexpress), obwohl davor verschiedene Ausdauer und Kraftorientierte Kurse stattgefunden haben.

Auf den ganzen Kursplan bezogen ist negativ zu bewerten, dass keine Abstufung stattfindet. Die Kurse sind nicht auf verschiedene Leistungsstufen unterteilt. Einführungskurse, die besonders auf die Technik von einzelnen Kursen eingehen, könnten die Hemmschwelle für neue Mitglieder an Kursen teilzunehmen deutlich senken. Weiterhin würden fortgeschrittene Kurse erfahrene und langjährige Mitglieder herausfordern und längerfristig eine Unterforderung verhindern und so die Kundenbindung verbessern.

4   Planung einer Wirbelsäulengymnastik

4.1   Zielgruppe

Die Zielgruppe der Kurseinheit sind Männer und Frauen zu gleichen Anteilen im Alter von 20-50 Jahren. Die Teilnehmer brauchen keine Vorkenntnisse für den Kurs. Der Kurs ist als Anfängerkurs oder Einstiegskurs in die Wirbelsäulengymnastik geplant. Die Gruppengröße wird wegen der Deklarierung als Anfängerkurs, auf maximal 10 bis 15 Teilnehmer beschränkt, da sonst keine angemessene Betreuung durch den Kursleiter stattfinden kann.

4.2 Material

Für diesen Kurs benötigen alle Teilnehmer eine Gymnastikmatte, die fortgeschrittenen Teilnehmer eine Hantelscheibe, die Männer eine 5 Kg Scheibe, die Frauen eine 2.5 Kg Scheibe.

4.3 Stundenplanung

Tab. 2: Begrüßung und Warmup

Phase: Begrüßung / Warmup		Dauer: 8 Minuten		
Ziel der Übung	Name der Übung	Übungsbeschreibung	Belastungsgefüge	Hinweise
Mobilisation der Halswirbelsäule	Kopfkreisen	Den Kopf langsam über vorne nach rechts und dann nach links kreisen	5 Wdh. jede Seite	Langsame, kontrollierte Bewegungen
Mobilisation der Brustwirbelsäule und des Schultergürtels	Schulterkreisen	Die Schultern erst nach vorne, dann nach hinten kreisen	5 Wdh. jeweils	Langsame, kontrollierte Bewegungen
Mobilisation der Brustwirbelsäule und des Schultergürtels	Armkreisen	Die kompletten Arme erst nach vorne, dann nach hinten kreisen	5 Wdh. jeweils	Langsame, kontrollierte Bewegungen
Mobilisation der Lendenwirbelsäule	Oberkörperneigen	Oberkörper von rechts nach links neigen	10 Wdh.	Hände in die Hüfte, Oberkörper neigt sich zur Seite
Mobilisation der Hüfte	Hüftkreisen	Die Hüfte erst nach links, dann nach rechts Kreisen	5 Wdh. jeweils	Hände in die Hüfte
Mobilisation der Beine	Grätschstand	Hüftbreit stehen und abwechselnd das Gewicht auf die Beine verlagern	10 Wdh. pro Seite	Hände in die Hüfte, Beine werden aktiviert durch das verlagern des Körperschwerpunkts
Mobilisation der Hüfte	Beinheben im Stehen	Abwechselnd die Knie in Richtung Oberkörper heben	10 Wdh. pro Seite	Oberkörper bleibt gerade, langsame geführte Bewegung
Mobilisation der Hüfte	Fersenheben im Stehen	Abwechselnd die Fersen zum Gesäß heben	10 Wdh. pro Seite	Nach dieser Übungen, vorsichtig hinknien und in Bauchlage übergehen
Mobilisation der Rumpfmuskulatur	Unterarmstütz, dynamisch	Auf den Unterarm stützen, Ellenbo-	10 Wdh.	Oberkörper und Beine bilden eine

Ziel der Übung	Name der Übung	Übungsbeschreibung	Belastungsgefüge	Hinweise
		gen sind unter der Schulter, Beine ausgestreckt und den Körper anheben und wieder auf den Boden absenken		Linie, die kompletten Unterarme sind auf dem Boden, Fußspitzen anziehen, aus dem Vierfüßlerstand in die Liegestütz position wechseln
Aktivierung der Arm- und Schultermuskulatur	Liegestütz	Hände sind etwas breiter als Schulterbreit auf dem Boden, Beine ausgestreckt, Oberkörper anheben, Ellenbogengelenk nicht durchdrücken	10 Wdh. zwei Sätze	Oberkörper und Beine bilden eine Linie, Gesäß anspannen, einfachere Variation ist auf den Knien anstatt den Zehenspitzen

Tab. 3: Hauptteil

Phase: Hauptteil			Dauer: 30 Minuten	
Ziel der Übung	Name der Übung	Übungsbeschreibung	Belastungsgefüge	Hinweise
Kräftigung der Rumpfmuskulatur	Unterarmstütz	Auf den Unterarm stützen, Ellenbogen sind unter der Schulter, Beine ausgestreckt und den Körper anheben	Halten, kurze Pause, zwei Durchgänge	Oberkörper und Beine bilden eine Linie, Gesäßmuskulatur anspannen, als Variation für Fortgeschrittene, die Ellenbogen höher als die Schulter platzieren
Kräftigung der Rumpfmuskulatur und der Gesäßmuskulatur	Unterarmstütz mit seitlichem gehen	Im Unterarmstütz, abwechselnd, mit den Füßen zwei Schritte nach rechts, wieder in die Mitte und zwei Schritte nach links und wieder in die Mitte zurück	Drei Durchgänge, zweimal mit einer Pause dazwischen	Das äußere Bein als erstes in die Richtung setzen, das innere nach setzen, dann wieder in die Mitte setzen, dann die selbe Schrittfolge in die andere Richtung, nach der Übung in den Vierfüßlerstand übergehen
Kräftigung des Schultergürtels, der Rumpfmuskulatur und der Gesäßmuskulatur	Superman kniend, statisch	Im Vierfüßlerstand, Diagonal ein Arm nach vorne und ein Bein nach hinten gerade ausstrecken	Abwechselnd jede Seite zweimal halten, kurze Pause dazwischen	Hände sind unter den Schultern, arme fast durchgestreckt, Bein komplett ausgestreckt, als Variation für Fortge-

				schrittene den Fuß des knienden Beins anheben
Kräftigung des Schultergürtels, der Rumpfmuskulatur und der Gesäßmuskulatur	Superman kniend, dynamisch	Im Vierfüßlerstand, Diagonal, ein Arm nach vorne und ein Bein nach hinten gerade ausstrecken, dann Ellbogen und Knie unter dem Körper zusammenführen	Jede Seite dreimal zu je 10 Wdh. kurze Pause zwischen den Sätzen	Beim zusammenführen unter dem Bauch, Rücken beugen und beim ausstrecken des Arms und Beins den Rücken strecken, als Variation für Fortgeschrittene den Fuß des knienden Beins anheben
Kräftigung des unteren Rückens und der Gesäßmuskulatur	Beinheben im Vierfüßlerstand	Im Vierfüßlerstand ein Bein nach hinten strecken und nach Oben hochheben	Jede Seite dreimal zu je 10 Wdh.	Kniegelenk 90 grad anwinkeln, Knie bis unter den Körper ziehen, nicht ablegen, wieder nach oben ziehen, nach der Übung in den seitlichen Unterarmstütz gehen auf die linke Seite
Kräftigung der seitlichen Bauchmuskulatur, des Rückens und der Beine	Seitstütz auf dem Unterarm, statisch, linke Seite	Auf den Unterarm stützen und die Seite des unteren Fußes, Hüfte anheben, der Körper bildet eine gerade Linie	Zwei durchgänge halten mit kurzer Pause	Oberkörper, Hüfte und Sprunggelenk bilden eine Linie
Kräftigung der seitlichen Bauchmuskulatur, des Rückens und der Beine	Seitstütz auf dem Unterarm, dynamisch, linke Seite	Auf den Unterarm stützen und die Seite des unteren Fußes, Hüfte anheben, der Körper bildet eine gerade Linie, Hüfte langsam in Richtung Boden bewegen und wieder hochheben	10 Wdh, zwei Sätze, kurze Pause zwischen den Sätzen	Geführte Bewegung, Hüfte nicht auf dem Boden ablegen
Kräftigung der Rumpfmuskulatur	Seitstütz auf dem Unterarm, mit zusammenführen von Knie und Ellbogen, linke Seite	Im Unterarmstütz Ellbogen und Knie vor dem Körper zusammenführen, danach Arm und Bein komplett ausstrecken	10 Wdh. zwei Sätze, kurze Pause zwischen den Sätzen	Schulter, Hüftte, Knie und Sprunggelenk bleiben auf einer Ebene, am Ende der Übung in Bauchlage gehen
Kräftigung der Rückenmuskula-	Superman liegend, Bauchlage	Auf dem Bauch liegend, Arme	10 Wdh. zwei Sätze, kurze Pau-	Beine und Arme ausgestreckt las-

tur		nach vorne ausstrecken, Beine gerade liegen lassen, den Oberkörper anheben	se zwischen den Sätzen	sen
Kräftigung der Rückenmuskulatur und der Gesäßmuskulatur	Superman liegend, Diagonal anheben, Bauchlage	Auf dem Bauch liegend, abwechselnd den rechten Arm und das linke Bein und den linken Arm und das rechte Bein anheben	10 Wdh. jede Seite, zwei Sätze pro Seite	Oberkörper leicht anheben, Bein und Arm ausgestreckt lassen, am ende der Übung und einer kurzen Pause in den seitlichen Unterarmstütz auf die rechte Seite gehen
Kräftigung der seitlichen Bauchmuskulatur, des Rückens und der Beine	Seitstütz auf dem Unterarm, statisch, rechte Seite	Auf den Unterarm stützen und die Seite des unteren Fußes, Hüfte anheben, der Körper bildet eine gerade Linie	Zwei Durchgänge halten mit kurzer Pause dazwischen	Oberkörper, Hüfte und Sprunggelenk bilden eine Linie
Kräftigung der seitlichen Bauchmuskulatur, des Rückens und der Beine	Seitstütz auf dem Unterarm, dynamisch, rechte Seite	Auf den Unterarm stützen und die Seite des unteren Fußes, Hüfte anheben, der Körper bildet eine gerade Linie, Hüfte langsam in Richtung Boden bewegen und wieder hochheben	10 Wdh, zwei Sätze, kurze Pause zwischen den Sätzen	Geführte Bewegung, Hüfte nicht auf dem Boden ablegen, nach der Übung in den seitlichen Unterarmstütz gehen auf die linke Seite
Kräftigung der Rumpfmuskulatur	Seitstütz auf dem Unterarm mit zusammenführen von Knie und Ellbogen, linke Seite	Im Unterarmstütz, Ellbogen und Knie vor dem Körper zusammenführen, danach Arm und Bein komplett ausstrecken	10 Wdh, zwei Sätze, kurze Pause zwischen den Sätzen	Schulter, Hüfte, Knie und Sprunggelenk bleiben auf einer Ebene, am Ende der Übung in Rückenlage drehen
Kräftigung der Bauchmuskulatur	Oberkörper heben	Oberkörper langsam anheben, bis die Schulterblätter den Boden verlassen und wieder ablassen bis der Oberkörper kurz davor ist den Boden zu berühren	15 Wdh. zwei Sätze, kurze Pause zwischen den Sätzen	Arme auf der Brust überkreuzen, Oberkörper nicht ablegen zwischen den Wiederholungen, Oberkörper einrollen, Variation für Fortgeschrittene mit Hantelscheibe auf der Brust
Kräftigung der seitlichen Bauchmuskulatur	Russian Twist	Beine anwinkeln, Oberkörper und Beine anheben	8 Wdh. je Seite, zwei Sätze, kurze Pause zwischen	Zehen spitzen anziehen, Variation für Fortge-

		und abwechselnd mit beiden Händen neben der Hüfte den Boden berühren	den Sätzen	schrittene mit Hantelscheibe in den Händen
Kräftigung der Bauchmuskulatur	Beinheben	Beine ausstrecken und anheben bis Beine und Oberkörper einen 90 grad Winkel bilden	15 Wdh. zwei Sätze, kurze Pause zwischen den Sätzen	Kein Hohlkreuz bilden, arme neben den Körper legen

Tab. 4: Cooldown

Phase: Cooldown / Verabschiedung			Dauer: 8 Min.	
Ziel der Übung	Name der Übung	Übungsbeschreibung	Belastungsgefühge	Hinweise
Dehnung der rückseitigen Oberschenkelmuskulatur	Dehnung der rückseitigen Oberschenkelmuskulatur, statisch	Ein Bein aufstellen, das andere in der Kniekehle hochheben, komplett Ausstrecken, dann in Richtung Oberkörper ziehen	30 Sek. Halten pro Seite	Das hochgehobene Bein so gerade wie möglich lassen
Dehnung der Gesäßmuskulatur	Dehnung der Gesäßmuskulatur, statisch	Ein Bein wird in der Kniekehle zum Oberkörper gezogen, dass andere Beine wird mit dem Unterschenkel auf Oberschenkel auf dem Bein platziert	30 Sek. Halten pro Seite	Die Händen ziehen das Stützbein kräftig in Richtung Oberkörper
Dehnung der seitlichen Rumpfmuskulatur	Dehnung der seitlichen Rumpfmuskulatur	Arme im 90 Grad Winkel abspreizen, Beine im Kniegelenk anwinkeln und auf eine Seite legen	30 Sek. Halten pro Seite	Schulterblätter bleiben auf dem Boden, nach dieser Übung in den Vierfüßlerstand drehen
Dehnen des Rückenstreckers	Katzenbuckel, dynamisch	Im Vierfüßlerstand die Wirbelsäule beugen und strecken	15 Wdh.	Mit Hilfe der Bauchmuskulatur die Wirbelsäule beugen, am Ende der Übung in den Kniestand übergehen
Dehnung der Hüftbeugemuskulatur	Dehnung der Hüftbeugemuskulatur im Kniestand, dynamisch	Ein Bein wird vor dem Körper gestellt, dass kniende Bein etwas nach hinten weggestreckt, der Körperschwerpunk wird nach	15 Wdh. pro Seite	Oberkörper bleibt gerade, nach dem ausführen der Übung langsam hinstellen

		vorne und hinten verlagert,		
Dehnung der Schulterblattfixatoren	Dehnung der Schulterblattfixatoren, statisch	Beide arme Werden im 90 Grad winkel zum Oberkörper weggestreckt und nach vorne gezogen	30 Sek. Halten	Schulterblätter werden aktiv nach vorne gezogen, Schultern bleiben Tief
Dehnen des Rückenstreckers und der Oberschenkelrückseite	Dehnung des Rückenstreckers und der Oberschenkelrückseite, statisch	Der Oberkörper wird bei geradem Kniegelenk nach vorne gebeugt bis die Hände den Boden berühren	30 Sek. Halten	Wirbelsäule beugen, Kniegelenke bleiben gerade, nach der Übung wieder gerade Hinstellen
	Schulterkreisen	Die Schultern nach hinten Kreisen	2-3 Wdh.	Gerader Stand, arme Hängen locker,
Verabschiedung				

Das Warmup beginnt mit kleinen, körpernahen Bewegungen und geht hin zu größeren, körperfernen Bewegungen. Das Warmup endet auf dem Boden, weil der Hauptteil auch im liegen beginnt. Im Hauptteil ist Wert gelegt auf möglichst sanfte und wenige Übergänge zwischen den einzelnen Positionen. Der zweite wichtige Punkt im Hauptteil ist das ausgeglichene Verhältnis zwischen Übungen für die Bauchmuskulatur und die Rückenmuskulatur im Wechsel. Im Cooldown ist die Reihenfolge so gewählt, dass am Ende im Stand geendet wird und möglichst viele der angesprochenen Muskelpartien gedehnt werden.

5 Literaturverzeichnis

Fröhlich, M., Schmidtbleicher, D. & Emrich, E. (2002). Intensität und Wiederholungszahl als Steuerungsparameter im Krafttraining – State of the art. *Zeitschrift für Physiotherapeuten*, 54 (5), 745-750.

Martin, D., Carl, K. & Lehnertz, K. (1993). *Handbuch Trainingslehre*. Schorndorf: Hofmann.

Reiß, M. & Eifler, C. (2015). *Studienbrief Gruppentraining 1*. Saarbrücken: Deutschehochschule für Deutsche Hochschule für Prävention und Gesundheitsmanagement.

6 Abbildungs- und Tabellenverzeichnis

6.1 Tabellenverzeichnis

BEI GRIN MACHT SICH IHR WISSEN BEZAHLT

- Wir veröffentlichen Ihre Hausarbeit,
  Bachelor- und Masterarbeit

- Ihr eigenes eBook und Buch -
  weltweit in allen wichtigen Shops

- Verdienen Sie an jedem Verkauf

Jetzt bei www.GRIN.com hochladen
und kostenlos publizieren